AF221039

Kindererziehung

in den Babyjahren

Wie Sie Ihr Kind optimal erziehen, fördern und eine wunderbare Verbindung zu ihm aufbauen

Maria Sinning

Alle Ratschläge in diesem Buch wurden sorgfältig erwogen und geprüft. Eine Garantie kann dennoch nicht übernommen werden. Eine Haftung für jegliche Personen-, Sach- und Vermögensschäden ist daher ausgeschlossen. Die Benutzung dieses Buches und die Umsetzung der darin enthaltenen Informationen erfolgt ausdrücklich auf eigenes Risiko.

Alle Rechte, insbesondere das Recht der Vervielfältigung und Verbreitung der Übersetzung, vorbehalten. Kein Teil des Werkes darf in irgendeiner Form (durch Fotokopie, Mikrofilm oder ein anderes Verfahren) ohne schriftliche Genehmigung reproduziert oder unter Verwendung elektronischer Systeme gespeichert, verarbeitet, vervielfältigt oder verbreitet werden.

INHALT

Das erwartet Sie in diesem Buch

Erwarten Sie ein Kind? Sind Sie gedanklich schon bei den Vorlieben des Kindes und den gemeinsamen Interessen? Oder denken Sie schon über einen rebellierenden Teenager nach, der zu spät nach Hause kommt? Ja, sowohl die schönen als auch die anstrengenden Zeiten stehen Ihnen noch bevor. Jedoch, um dahin zu kommen, muss man mit dem Kind von Anfang an interagieren, es kennen lernen und stets an sich selbst arbeiten. Man muss das Kind erziehen.

Dieser Ratgeber wendet sich an alle werdenden

Eltern, an diejenigen, die schon eine ungefähre Ahnung haben, wie sie ihr Kind erziehen wollen, aber auch an diejenigen, die sich darüber noch nie Gedanken gemacht haben. Vorab ist hier noch zu sagen, dass jedes Kind abhängig von seinem Alter eine andere Art von elterlicher Fürsorge und Lenkung braucht. Aus diesem Grund wird hier die Erziehung der Kinder anhand von Phasen besprochen. Erst werden die Phasen, die Babys durchmachen, detaillierter angesehen und anschließend wird die Erziehung von älteren Kindern besprochen.

Im Baby-Teil werden in jeder Phase als Erstes Besonderheiten, häufig auftauchende Zweifel und die Entwicklungsschritte der Babys besprochen. Am Ende jeder Phase werden Tipps gegeben, wie man diese mit seinem Kind am besten meistern kann. Im Teil über ältere Kinder werden die Erziehungsstile aufgezählt, verglichen und besprochen. Anschließend werden Themen besprochen, die für den Alltag mit einem Kind wichtig sind, und dazu konkrete Tipps gegeben.

Wir haben ein Baby

Ein Baby kam zur Welt. Ein kleines Wesen, ein leeres Blatt, das so wunderbar und gleichzeitig so unbekannt ist. Bevor man überhaupt mit irgendeiner Erziehung des neugeborenen Kindes anfängt, hält man es erst in den Armen und ist erstaunt. *Ist das wirklich unser Kind? Es ist so wunderschön! Wem sieht es ähnlich?*

Die meisten Eltern sind einfach überwältigt. Doch eine Art der Erziehung fängt schon gleich am ersten Tag an. Viele Eltern werden sich dessen erst viel später bewusst, aber wie man sein Kind hält, wie lange man es weinen lässt oder wie großzügig man es anlächelt, sind schon die ersten Schritte in Richtung einer Erziehung.

Manche Eltern wollen sich bei der Kindererziehung an ein strenges Protokoll halten, weil ihnen dieses ermöglicht, sich sicher zu fühlen. Sie denken, so machen sie nichts falsch. Andere versuchen eher, auf ihr Baby zu hören und auf jeden Schrei eine Antwort zu haben. Dritte verfolgen eine Familientradition, die sich schon bei Tanten oder Cousins bewährt hat. Welchen Weg man am Anfang auch gewählt hat, zweifelt man sehr bald an seiner Richtigkeit. Kinder sind leider weder genaue Computer noch funktionieren und benehmen sie sich alle gleich.

Das, was bei einem Cousin funktioniert hat, löst bei Ihrem Kind vielleicht stundenlanges Weinen aus. Wenn Sie ein Protokoll verfolgen, denken Sie vielleicht, Sie wären zu streng oder andersrum, wenn Sie auf jede Meldung Ihres Neugeborenen reagieren, denken Sie vielleicht, Sie würden es verwöhnen. Aus diesem Grund ist es als Erstes gut, ein paar Grundsätze über die Entwicklung des Kindes zu wissen, um angemessen reagieren zu können. Es gibt nämlich ein paar Fakten, auf die man sich einstellen kann und ein paar Entwicklungsschritte, die bei den meisten

Kindern in dieser Zeit passieren. Diese werden jetzt in den nächsten Kapiteln aufgezählt und danach besprochen. Am Ende jedes Kapitels werden kurze Erinnerungsratschläge für die jeweiligen Alter gegeben.

DIE GEBURT UND DIE ERSTEN ZWEI MONATE

- Wenn ein Kind schreit, dann stimmt etwas nicht
- Die häufigsten Gründe, warum Babys schreien, sind: Hunger, volle Windel, Müdigkeit, Krankheit
- Im ersten Jahr kann man die Kinder nicht verwöhnen
- Babys brauchen geregelte Abläufe
- Ein Baby sollte nur unter Aufsicht in Bauchlage schlafen

Sehr häufig suchen Eltern ärztlichen oder großelterlichen Rat, wenn es um das Weinen eines Babys geht. Die meisten jungen Eltern sind übermüdet und versuchen ihr Bestes, doch das Baby schreit weiter. *Ist mein Baby ein Schreibaby? Vielleicht ist es ernsthaft krank! Vielleicht ist es einfach bockig! Mag mich mein Kind nicht?* Dies sind nur einige der Fragen, die der Stress des Weinens von ihrem kleinen Wesen herbeiruft. In den meisten Fällen ist aber die Antwort auf die oberen Fragen ein klares *Nein*. Die Müdigkeit der Eltern lässt sie einfach ein paar Möglichkeiten vergessen. Die häufigsten Gründe, warum Babys weinen, sind zwar Hunger, volle Windeln, Müdigkeit und Krankheit, aber dies sind definitiv nicht alle Gründe, warum ein Baby zu weinen anfängt. Es kann auch ganz kleine Gründe für das Unwohlsein geben.

Zum Beispiel, wenn Sie Ihr Kind aufrecht zur Schulter halten und es lieber auf Ihren Armen liegen oder in der „Fliegerposition" hängen würde. Jedes Kind mag eine andere **Haltung** am liebsten und hat auch das gute Recht, die Lieblingsposition zu ändern. Dies ist definitiv ein Grund, laut zu werden, aber auch etwas, was nicht schwer zu lösen ist. Man muss nur die nötige Geduld haben, um verschiedene Tragepositionen zu probieren.

Manchmal kann es auch an einem **Kleidungs-stück** liegen, das eine unangenehme Falte gebildet hat und das angenehme Liegen stört. Manchmal entsteht so etwas durch zu große Kleidung, eine Decke oder ein Oberteil, das sich gerade am Rücken verdreht hat. Die Lösung für solch eine Situation wäre immer einmal am Rücken des Kindes entlang zu streicheln, bevor man es irgendwo hinlegt.

Babys können sich sehr schnell vor etwas **erschrecken** oder der Reiz, den sie erleben, kann zu heftig sein. Dies ist ein Grund, der besonders müden Eltern nicht gleich einfallen wird. Manchmal kann ein plötzliches Einschalten eines Fernsehers (auch wenn er nicht laut ist), ein bellender Hund, eine zugeschlagene Tür, zu grelles Licht, ein sehr dunkler Raum oder zu warmes oder kaltes Badewasser auch ein Quell des Schreckens sein. Dies können auch Sachen sein, an die wir Erwachsene gar nicht denken. Diese Dinge empfinden wir gar nicht als furchteinflößend, doch es ist häufig so, dass diese Gründe gerade bei solch kleinen Babys andere Gefühle hervorrufen können.

Die Außentemperatur ist ein wichtiger Faktor im Babyleben. Ist einem Baby entweder zu kalt oder zu warm, wird dieses Unwohlgefühl ein so langes Weinen verursachen, bis sich diese Situation gelöst hat. Babys können ihre Körpertemperatur nicht gut selbst regulieren, weswegen wir Erwachsene uns darum kümmern müssen, dass das Umfeld stimmt. Allgemein kann man sagen: Babys dürfen nicht zu wenig oder zu viel angezogen werden, das Zimmer, in dem das Baby, schläft muss eine angenehme Temperatur haben und Winterspaziergänge bei sehr kalten Temperaturen dürfen nicht zu lange dauern.

Welche Temperatur Ihrem Kind genau passt, kann man dabei nicht genau im Voraus sagen, aber generell gilt: Spaziergänge bei Temperaturen zwischen 10-20 Grad sind unbedenklich, je kälter, desto mehr muss man die Kinder einpacken. Man muss dabei auch bedenken, dass es einem Menschen, der im normalen Schritttempo einen Kinderwagen schiebt, viel eher warm und wohl sein wird als einem Kind, das sich noch nicht viel bewegt und nur da liegt. Warme Temperaturen sind eher weniger ein Problem als die pralle Sonne.

Wenn man also im Sommer ein schattiges Plätzchen gefunden hat, kann man davon ausgehen, dass ein Baby höchstwahrscheinlich nicht wegen der hohen Temperatur weint. Man kann aber, um herauszufinden, ob es Ihrem Kind zu warm ist, einen kurzen Test machen: Fassen Sie Ihr Kind einfach mal zwischen die Schulterblätter – wenn es Ihm zu warm ist, wird es dort schwitzen.

Was die Zimmertemperatur angeht, kann man noch weniger Regeln aufschreiben, die für alle Kinder gleich wären. Manche Kinder wollen fest in eine Decke eingewickelt schlafen, andere wiederum finden einen Schlafsack, der lose um sie herum ist, viel angenehmer und wiederum Dritte wollen am liebsten gar keine Bedeckungen, egal wie kalt/warm es im Zimmer ist. Um herauszufinden, was dem eigenen Kind am besten passt, kann man Folgendes machen: An drei Tagen hintereinander ausprobieren, wie das Kind tags- und nachtsüber in den verschiedenen Varianten schläft. An dem Tag, an dem es die längsten Schläfchen macht, hat es ihm am besten gepasst.

Ein weiterer und auch sehr bekannter Grund für das frühkindliche Weinen sind **Koliken**. Hierbei geht es um Bauchweh, was durch eine Vielzahl an Gründen hervorgerufen wird. Die meisten Kinder haben damit eher nachmittags oder abends Probleme. In der Zeit wird alles, was Eltern machen, nur kurzzeitig gegen das Weinen helfen und das Baby wird bald wieder anfangen zu weinen. Sollten Sie denken, dass dies der Grund für das Weinen Ihres

Kindes ist, versuchen Sie, mit Ihrem Kinderarzt/Kinderärztin darüber zu sprechen. Aber seien Sie darauf vorbereitet, dass es für Koliken keine garantiert wirkende Medizin gibt. Manchmal hilft, dass stillende Mütter etwas an ihrer Ernährung ändern, manchmal geben Ärzte Tropfen oder man kann eine Wärmeflasche auf das kleine Bäuchlein bzw. auf den Babyrücken legen. Nichts davon verspricht die komplette Lösung des Problems. Sollte aber Ihr Kind an diesem Problem leiden, trösten Sie sich darin, dass diese Zeit meist nach dem dritten Lebensmonat vorbei sein wird.

Einer der einfachsten Gründe, warum Babys weinen, ist manchmal aber auch etwas, das manchen Eltern in bestimmten Situationen völlig kontraintuitiv vorkommt: Ihr Baby ist müde. Sie wissen das ganz genau. Es ist gewickelt und satt und liegt in Ihren Armen kurz vorm Einschlafen. Die Augen fallen schon zu, aber es guckt immer wieder kurz auf. Sie haben vor, sobald das kleine Stück Glück auf Ihrem Arm fest eingeschlafen ist, es in sein Bettchen oder einen Stubenwagen zu legen und dann etwas für sich zu machen, was Sie mit einem Kind auf dem Arm nicht machen können. Sie freuen sich – das Baby schläft jetzt fest. Sie gehen zum Stubenwagen und wollen es ganz sanft hineinlegen mit einem Lächeln, das sagt: *Mein Baby ist das Schönste und Liebste auf der Welt!* Doch kaum haben Sie Ihre Hände von ihm gelöst, als es im Bettchen liegt, fängt es an, unglaublich traurig zu weinen. Sie erschrecken. Sie nehmen es wieder auf und kurz darauf schläft es wieder auf Ihren Händen ein. *Was ist passiert? Warum hat es so schrecklich weinen müssen?* Das Baby hat einfach Ihre **Nähe und Wärme** genossen. Es hat gespürt, dass Sie es liebhaben, dass Sie da sind. In dem Moment, in dem Sie es abgestellt haben, war es noch nicht ganz eingeschlafen und wollte es noch genießen, die Eltern bei sich zu haben. Das Bedürfnis nach physischer Nähe ist besonders bei kleinen Babys sehr groß.

Hier hilft es, sich mit dem Einschlafen Zeit zu lassen. Etwas, was Ihnen auch dabei hilft, einen Kompromiss zwischen dem gewohnten Alltag und der gewünschten Nähe Ihres Kindes zu finden, sind Tragehilfen. Diese ermöglichen es Ihnen, beide Hände frei zu haben und trotzdem ein kleines angeheftetes Äffchen schlafend an sich zu tragen. Es gibt mehrere Arten von Tragehilfen, sollten Sie sich dafür entscheiden, eine für sich zu besorgen, lassen Sie sich am besten in einem dafür spezialisierten Geschäft beraten. Es gibt nicht die perfekte Tragehilfe, die zu jedem passt. Man sollte idealerweise mit dem Baby in den Laden kommen und entscheiden, welche die angenehmste für Sie und für Ihr Kind ist.

Sollte keine von den obengenannten Lösungen das Weinen Ihres Kindes zum Aufhören bringen können, gibt es noch zwei Sachen, die generell auch allen Kindern passen. Es sind **rhythmische Bewegungen und Nuckeln.** Um ein Kind zu beruhigen oder es einfach zum Schlafen zu bringen, kann man als einfachste Methode ein Zimmer mit dem Kind auf dem Arm abgehen. Das rhythmische Gehen ist für die meisten Babys angenehm und bringt sie zum Einschlafen. Eltern, die eine Tragehilfe benutzen, können tagsüber sehr einfach davon Gebrauch machen. Schaukeln, egal ob es in einem Schaukelstuhl, in den elterlichen Armen oder in einer Wiege ist, ist genauso beruhigend. Sollte das Kind aber spüren, dass es ihm gerade an Körperkontakt mit den Eltern fehlt, wird es die Wiege eher ablehnen. **Rhythmische, wiederholende Schlaflieder** helfen auch, Babys zum Schlafen zu bringen. Am besten ist es, wenn es immer das gleiche Lied ist. Babys gewöhnen sich dann daran, dieses Lied vor dem Schlafen zu hören und es wird für sie ein Zeichen, dass jetzt die Schlafzeit gekommen ist. Der Nachteil dieser Beruhigungsmethode ist aber, dass die Eltern dieses Lied irgendwann nicht mehr hören können.

Die meisten Babys schlafen nach dem Trinken **nuckelnd** ein. Wenn man sein Kind beruhigen will und nicht weiß, was der Grund des Weinens ist, kann man es auch mit einem Schnuller probieren. Manche Kinder lehnen den Schnuller grundsätzlich ab und benutzen dafür ihre Daumen. Wenn man ein Kind hat, dass den Daumen präferiert, kann man daran auch viel schneller erkennen, wann es müde geworden ist. Dann sollte man daran denken, gerade jetzt etwas Rhythmisches, Wiederholendes zu machen.

Wer sich aber bis hierhin folgendes gedacht hat: „Jedes Mal, wenn mein Kind aufschreit, soll ich es nehmen und die ganze Zeit herumtragen? Nicht mit mir, damit verwöhne ich es doch nur und irgendwann bin ich nur der Sklave meines Kindes!" – der hat falsch gedacht. Kinder, die bis zu einem Jahr alt sind, kann man nämlich gar nicht verwöhnen. Erst ab dem Alter von einem Jahr fangen Kinder an ihre

Grenzen zu testen. Bis dahin ist alles, wonach sie schreien, auch wirklich ein Bedürfnis für sie. So etwas wie ein Ich, das verwöhnt werden kann, bildet sich erst langsam heraus. Manchmal hört man von der folgenden Methode: Wenn das Baby zur gewünschten Zeit nicht schlafen will, kann man es einfach ins Bettchen legen und wenn es wirklich müde ist, wird es einschlafen. Auch wenn es erstmal noch ein wenig weint, sollte man dem nicht die Aufmerksamkeit schenken. Diese Methode hat aber nichts mit der Psyche eines Babys zu tun. **Babys brauchen die Nähe und die Zuneigung der Eltern**. Wenn sie weinen, ist es kein Trotz und keine böse Absicht gegenüber den unausgeschlafenen Eltern. Wenn man aber diese Methode verfolgt, kann es dazu kommen, dass sich das Baby nicht gut mit den Eltern verbunden fühlt und eine unsichere Bindung formt. Dies kann ihm eher schaden, als dass es jemandem hilft, Strenge zu zeigen.

Das Kind zu streicheln, mit ihm zu reden, es umarmt an sich zu tragen, es zu stillen und zu baden – das sind Wege, wie Ihr Kind lernen wird, später mit anderen zu interagieren. Ihre Art, mit Ihrem Kind umzugehen, wird bestimmen, wie es später die

Intentionen anderer Menschen einschätzt. Je überlegter und strukturierter Sie Ihren Tagesablauf gestalten, desto einfacher wird Ihr Alltag mit ihm. Babys brauchen **geregelte Abläufe**, um ein Muster für sich herauszufinden.

Zum Beispiel: Wenn man zu einem Baby auf dem Wickeltisch immer wieder sagt: „Gib mir deine Hände", und es dann an den Händen zu sich hochzieht, wird das Kind irgendwann von alleine die Händchen ausstrecken. Genauso ist es mit dem Schlafen. Wenn man herausfindet, wie viel Schlaf das eigene Kind braucht, kann man mit den Schläfchen tagsüber rechnen oder sie, wenn es nötig ist, ein bisschen verschieben, damit man sich im Alltag leichter tut. Das kommt sehr gelegen, wenn man ein kleines Baby hat und eine längere Autofahrt machen will. Die meisten Babys vertragen eine innerstädtische Autofahrt gut, aber sollte man zu den Großeltern mehr als eine halbe Stunde Anfahrt haben, muss man sich auf langes Weinen einstellen. Dem kann man entgegenwirken, indem man das tägliche Schläfchen so legt, dass das Kind müde, aber satt ist, wenn man ins Auto steigt. Dann schläft es die Autofahrt durch oder zumindest den größeren Teil davon und die Eltern können ein bisschen entspannen.

Die ersten zwei Monate sind aber für die meisten Eltern durch diesen häufigen Wechsel zwischen großer Sorge und glücklicher Entspannung gekennzeichnet. Man sollte sich keine Sorgen machen, wenn die Routine nicht gleich klappt, wenn das Baby sehr viel weint oder wenn man denkt, gerade komplett zu versagen. In den ersten zwei Monaten muss man sich an das kleine Wesen gewöhnen, genau wie das Baby sich an seine Eltern gewöhnen muss. In Mamas Bauch war alles gleich da und genau passend. Auf der Welt angekommen muss es aber lernen, seine Bedürfnisse klar zu signalisieren. Jedoch am Anfang weiß es selber manchmal nicht, was ihm fehlt. Es weiß nur, dass etwas nicht stimmt.

Man hat als Elternteil immer viele Sorgen. Die meisten gleich am Anfang. Eine der Sorgen ragt aber viel höher als alle anderen, weil sie auch viel schrecklicher ist als alles andere. Die Angst vor dem **plötzlichen Kindstod**. Gleich beim ersten Kinderarzttermin bekommt man die neusten Tipps, was man machen soll oder nicht machen darf, damit so etwas nicht eintritt. Die Ärzte können den Grund, warum einige Babys sterben, noch nicht genau benennen und der plötzliche Kindstod ist eine Sache, die immer und immer wieder untersucht wird.

Es sind allerdings einige Risikofaktoren bekannt, denen man teilweise sehr einfach begegnen kann. Einer der wichtigsten ist: Ein Baby sollte nur unter Aufsicht in Bauchlage schlafen. Mit der Zeit hat man herausgefunden, dass Kinder Atmungsprobleme entwickeln können, wenn sie auf dem Bauch schlafen. Babys haben am Anfang noch nicht die Kraft und die Fähigkeit, sich von der Bauchlage in die Rückenlage zu drehen. Das heißt für Eltern, dass sie es für ihr Kind übernehmen müssen, ihr Baby immer mal wieder zu drehen. Man kann aber auch diverse Kissen dazu benutzen, ein Baby zu stabilisieren, um sich beispielsweise in der Nacht weniger Sorgen zu machen. Wichtig dabei ist, dass diese Kissen nicht zu groß bzw. zu dick sind, sodass sich Ihr Kind nicht durch Zappeln mit dem Kissen das Gesicht bedecken kann.

Tipps:
• Mit Geduld ausprobieren, welche Schlaf- oder Halteposition dem Kind am meisten passen
• Kleidungsstücke am Rücken glattstreichen

- Verstehen, wovor sich das Baby erschrecken kann
- Kinder nicht zu dick oder dünn anziehen
- Bei sehr kalten Temperaturen keine langen Spaziergänge mit dem Baby machen
- Bedeckungsvarianten für die Schlafsituation ausprobieren
- Bei Koliken helfen: Wärmeflasche, eine Umstellung der Ernährung von stillenden Müttern und ärztlich angeordnete Medizin
- Bei sehr schmusebedürftigen Babys helfen Tragehilfen
- Rhythmische Bewegungen und wiederholende Lieder helfen beim Einschlafen, genauso wie das Nuckeln am Daumen oder Schnuller
- Geregelte Abläufe helfen dem Kind, das Leben zu verstehen, und den Eltern, den Alltag zu planen
- Mit kleinen Kissen das Baby in einer gewünschten Schlafposition stabilisieren

BIS ZU EINEM HALBEN JAHR

- Kinder sind nicht alle gleich
- Kinder sollten am Familienleben teilnehmen
- Der erste Zahn oder nur das Zahnen?
- Die Eltern entscheiden den Zeitpunkt, wann ihr Kind die erste feste Mahlzeit zu sich nimmt
- Die ersten Impfungen

In den ersten zwei Monaten haben Sie nun Ihr Kind kennengelernt. Sie haben einen Tagesrhythmus entwickelt und Sie sind (hoffentlich) nicht mehr so besorgt wie am Anfang bei der Geburt. Die Zeit zwischen dem dritten und dem sechsten Monat ist sehr aufregend. In der Zeit fangen Babys gewöhnlich an, sich von alleine fortbewegen zu wollen: sie heben das Köpfchen, sie greifen, sie kriechen, krabbeln, wälzen sich und verfolgen allgemein ihre Miniinteressen. Genau hier entstehen meistens auch **die ersten Vergleiche** mit anderen Babys, egal ob es sich um gleichaltrige Babys handelt oder um Babys, die inzwischen ältere Kinder oder sogar Erwachsene bekannter Eltern sind. *Mein Kind konnte schon mit so und so vielen Wochen sein Köpfchen ganz stabil halten*

und hat mich fröhlich angelächelt. Mein Kind dreht
sich schon von der Bauchlage auf den Rücken. Mein
Kind greift zielsicher nach seinem Lieblingsspielzeug.
Mein Kind hat angefangen zu gurren, macht das deins
auch? Warum macht das mein Kind noch nicht?

Klar macht man sich als Elternteil Gedanken, ob
sich das Kind gut entwickelt, aber man sollte sich immer vor Augen halten, dass nur der Kinderarzt/Kin-
derärztin sagen kann, ob sich das Kind gut entwickelt oder nicht. Die anderen Mütter, Großmütter,
Tanten und Bekannten haben zwar ihre Erfahrungen gemacht, aber sie haben nicht die spezifische Erfahrung mit Ihrem Kind. Lassen Sie sich nicht irre-
führen durch Geschwätz. Denn das ist es. Die meisten dieser Personen – und es sind meistens Frauen –
meinen es auch nicht böse. Manche sind einfach nur
glücklich über einen geschafften Entwicklungs-
schritt Ihres Kindes, andere denken, wenn etwas
nicht stimmt, wäre es besser, so bald wie möglich anfangen, es zu lösen. Manchmal haben aber die anderen Mütter auch kleine Details über ihre Kinder vergessen (wenn die Kinder jetzt schon Erwachsene
sind) und genau diese wären in der vergleichenden
Situation wichtig. Wie dem auch sei, Kinder sind

ganz unterschiedlich in ihrer Entwicklung, aber auch in ihren Präferenzen. Ein Kind könnte vielleicht schon viel mehr Laute produzieren von seiner Entwicklung her, ist aber eher eins, das später im Leben nicht so gesprächig sein wird. Vielleicht will das Kind gerade nicht so viele Laute produzieren, sondern eher zuhören, weil es in einer bilingualen Familie aufwächst.

Egal wie Ihr Kind dabei eingestellt ist, es ist jedenfalls bewiesen, dass Eltern, die sehr viel mit ihren Kindern sprechen, auch früher sprechende Kinder bekommen. Sie können also die Sprache fördern, indem Sie die alltäglichen Vorgänge für Ihr Kind beschreiben, immer die gleichen Wörter für Gegenstände benutzen und Sie mit passender Modulation und Lautstärke deutlich wiederholen. Genauso kann man natürlich etwas für die schnellere Entwicklung der kindlichen Bewegungen tun. Zu Hause kann man bunte Sachen knapp außer Reichweite des Kindes stellen, sodass sich Ihr Kind als Erstes nur ein wenig strecken muss, um etwas zu erreichen. Später kann man die Sachen immer weiter von ihm stellen und das Kind wird anfangen, sich fortzubewegen. Oben im Text steht auch absichtlich *Sachen* und nicht

Spielsachen, weil für Kinder nicht unbedingt nur Spielsachen interessant sind. Manchmal kann es auch eine Plastikflasche mit ein bisschen Wasser drin sein. Das Baby wird es lieben zu beobachten, was das Wasser macht, wenn man die Flasche anstupst. Es können einfache Gegenstände aus dem Familienleben sein, je nachdem was man zu Hause hat und was ungefährlich für das Kind ist. Denn alles was Kinder in dieser Zeit in die Finger bekommen, wird als erstes in den Mund gesteckt, bevor es mit den Händchen erkundet wird.

Eine weitere Methode, Ihr Kind zu mehr Bewegung zu motivieren, ist das **Babyschwimmen**. Was kann man sich darunter vorstellen? Sechs bis zehn Mutter- oder Vater-Kind-Paare im Schwimmbad mit einer geschulten Leitung. Babys haben dabei nur eine Schwimmwindel an und keine Schwimmhilfen. Sie lehnen sich an einen elterlichen Arm und können mit den Beinchen im Wasser plantschen. Durch Spielzeug knapp außer Reichweite werden sie motiviert, zu „schwimmen". Eigentlich bewegen sie von alleine nur ihre Beinchen im Froschmodus. Doch das ist ein gutes Training der Beinmuskulatur, da ihnen die Bewegung im Wasser viel leichter vorkommt und es keine Trägheit gibt. Es ist auch eine gute Aktivität, um die Bindung zu Ihrem Baby aufzubauen.

Allgemein sollte man in der Zeit bis zu einem halben Jahr versuchen, das Kind mehr und mehr an das **Familienleben** zu gewöhnen. Haben Sie oft Gäste? Dann laden Sie sie wieder ein. Arbeiten Sie gerne im Garten? Dann lassen Sie das Kind neben sich auf einer Decke spielen. Kochen Sie gerne? Positionieren Sie den Stubenwagen, die Krabbeldecke oder den Laufstall so, dass Ihr Kind sieht, was Sie machen. Fahren Sie gerne Fahrrad? Besorgen Sie sich doch eine Babyschale für den Fahrradanhänger und lassen Sie das Kind auch in den Genuss der frischen Luft kommen. Verreisen Sie gerne? Mit nur ein bisschen mehr Vorbereitung kann man ein Baby auch fast überall mitnehmen. Sollten Sie in ein wärmeres Land gehen wollen, wird es umso einfacher. Es ist ein sehr verbreiteter, aber überholter Mythos, dass man sein Leben den Babys anpassen muss. Klar kann man nicht alle Sachen einfach so machen, wie man es früher mal ohne ein Kind gemacht hat. Man kann aber ein Baby an die normalen Vorlieben seiner Familie heranführen.

Dadurch, dass ein Baby einem nicht sagen kann,

was gerade nicht stimmt, ist man natürlich unsicher, wie der Tag sich entwickeln wird. Es kann sein, dass gerade heute **der erste Zahn** wirklich rauskommt. Das ist bei manchen Babys gefolgt von leichtem Fieber, öfter gefüllten Windeln und weniger Hunger. Babys reagieren da aber sehr unterschiedlich. Es gibt Babys, die sogar mit einem Zahn zur Welt kommen, aber auch welche, die erst zum Geburtstag einen bekommen haben.

Den ersten Zahn im fünften Lebensmonat zu bekommen, ist sehr wahrscheinlich, doch auch früher oder später ist es nicht merkwürdig oder besorgniserregend. Es ist natürlich so, dass ein Kind, das bis zu seinem ersten Geburtstag schon alle oder fast alle Zähne hat, auch viel mehr mit den Eltern mitessen kann. Eines, das kaum welche hat oder bei dem sie erst auf dem Weg sind, muss dagegen noch eine Zeit lang nur Brei essen. Wie auch immer sich das Tempo für die kleinen Zähnchen Ihres Kindes entwickelt, ist es hier zu empfehlen, nachdem der erste Zahn draußen ist, den Zahnarzt/Zahnärztin zu besuchen. Er kann Sie am besten darauf vorbereiten, was mit den Zähnchen auf Sie zukommt und was die entsprechende Mund- und Zahnpflege für Ihr Kleines ist.

Man kann das Zahnen natürlich auch fördern. Es gibt bestimmte Kaustäbchen oder Beißringe, die den Gaumen und das Zahnfleisch massieren und es so dem Zahn ermöglichen, einigermaßen leichter durchzubrechen. Natürlich werden Sie auch hierzu viele Meinungen hören, doch lassen Sie sich nicht durch Aussagen beirren, welcher Zahn - oben oder unten, links oder rechts – als erster kommen muss oder bloß nicht kommen soll. Wie auch oben bei den Vergleichen erwähnt: Sollten Sie einen Grund zur Sorge haben, wenden Sie sich direkt an einen Arzt/Ärztin.

Der Kinderarzt/Kinderärztin wird Sie auch über **die Ernährung** Ihres Kindes beraten. Ab dem vierten Lebensmonat kann man aber mit der Beikost anfangen. Wann Sie genau damit anfangen, ist allein Ihre Sache. Manche Mütter haben Angst, dass ihr Kind nicht allein durch Milch satt wird, andere können es kaum erwarten, dass ihr Kind anfängt mit am Familientisch zu sitzen und mitzuessen. Es gibt aber auch Mütter, die es genießen, ihr Kind zu stillen, und wollen, dass es länger die einzige Nahrung ihres Babys bleibt. Wie auch immer Ihre Einstellung dazu ist, wenn Sie einmal mit der Beikost anfangen, sollten

Sie diese langsam einführen. Am Anfang kann man zu der Zeit, wenn Babys den größten Hunger haben (wahrscheinlich zu einem Zeitpunkt am Nachmittag), ein paar Löffel von einem einfachen Brei geben.

Am Anfang eignet sich hierzu ein Brei aus einer der folgenden pürierten Gemüsesorten: Karotten, Kürbis, Pastinaken oder Kartoffel. Diesen Brei kann man selber zu Hause pürieren oder schon fertig im Laden kaufen. Es gibt einige Hersteller solcher Produkte auf dem Markt, die auf unterschiedliche Weisen ihre Breie würzen und zubereiten. Für den Anfang eignen sich aber am besten diejenigen, die keinen Zucker enthalten, aus nur einer Art Gemüse hergestellt werden und wenige bis gar keine anderen Zusätze (Salz, Gewürze) haben.

Die Verdauung kleiner Babys muss sich nämlich erst langsam an das Essen gewöhnen. Später kann man die Gemüsearten mischen und auch immer mehr Nahrungsmittel einführen. Das, was Sie selbst gerne essen, besonders das, was die Mutter in der Schwangerschaft viel und oft gegessen hat, wird sehr wahrscheinlich auch Ihrem Kind schmecken. Die Tatsache, dass thailändische Kinder schärferes Essen vertragen als beispielsweise europäische oder die Kinder aus dem Mittelmeerraum früher Knoblauch vertragen als die Nordeuropäer, ist schon länger bekannt. Jedes Baby fängt aber mit Sachen an, die sehr leicht verdaulich sind.

Noch ein wichtiges Thema, das in der Zeit bis zum halben Jahr auftaucht sind **Impfungen.** Mit dem Thema Impfungen wird man schon bei dem ersten Arztbesuch, gleich nach der Entbindung, bekannt gemacht. Der Arzt/Ärztin wird gleich die Termine für die ersten Untersuchungen und Impfungen vorschlagen, da diese in Deutschland eine strukturierte Folge haben. Die Struktur der Impfungen heißt auch, dass Ärzte genau wissen, was die Nebenwirkungen von den jeweiligen Impfungen sind. Kinder reagieren unterschiedlich auf den Impfstoff. Lassen Sie sich deswegen auf jeden Fall dazu von den Kinderärzten beraten. Nach manchen Impfungen entwickeln Kinder Fieber. Das erste Mal Fieber bei Ihrem kleinen Schatz zu bemerken und zu messen, ist für alle Eltern besorgniserregend und bedeutet eine durchwachte Nacht. Aber wenn man im Vorfeld weiß, dass das Kind Fieber bekommen kann und woher das Fieber überhaupt kommt, kann man sich darauf vorbereiten. Man plant dann für die Tage nach der Impfung keine großen Unternehmungen und legt vielleicht die Impfung auf einen Freitag, sodass man dann am Wochenende das Kind besser beobachten und, falls es nötig wird, pflegen kann.

Tipps:

• Auf die Entwicklung des eigenen Kindes gucken und sich durch Vergleiche mit anderen Kindern nicht beunruhigen lassen

• Bei Ängsten und Problemen ärztlichen Rat aufsuchen

• Aus häuslichen Gegenständen Spielsachen machen

• Babyschwimmen ist gut für Muskelaufbau und Bindungsaufbau mit den Eltern

• Das Kind in eigene Hobbys und Interessen einbinden

• Jedes Kind bekommt zu seiner eigenen Zeit die ersten Zähnchen

• Breie dürfen ab dem vierten Lebensmonat eingeführt werden

• Sich bei Impfungen beraten lassen und die Tage nach den Impfungen wenn möglich frei halten

BIS ZUM ERSTEN GEBURTSTAG

- Die eigene Fortbewegungsmethode
- Die ersten Wörter
- Für Kinder ist es keine zu große Belastung, mit zwei Sprachen aufzuwachsen
- Abstillen oder nicht – eine Frage, die nur Mama und ihr Baby beantworten sollten
- Fremdeln – muss das sein und in welchem Maße?
- Der erste Schritt alleine

Die Bewegungen Ihres Kindes sind in der zweiten Hälfte des ersten Jahres viel präziser geworden. Ihr kleines Baby kann jetzt wahrscheinlich schon alleine sitzen, ohne umzufallen, und hat eine **Fortbewegungsmethode** für sich ausgesucht. Kinder krabbeln nämlich nicht alle auf dieselbe Art. Manche krabbeln sogar überhaupt nicht. Machen Sie sich auch keine Sorgen, wenn das Krabbeln seltsam aussieht. Je stärker die Muskeln werden, desto mehr können sie machen. Die Versuche sehen dabei für Erwachsene meistens lustig, aber manchmal auch äußerst seltsam aus. Sollten Sie sich Sorgen um die motorische Entwicklung Ihres Kindes machen, besprechen Sie diese am besten mit Ihrem Kinderarzt/Ihrer Kinderärztin.

Sobald sie es können oder sie etwas Interessantes außerhalb von ihrer Reichweite sehen, werden Kinder auch versuchen, **sich an Gegenständen hochzuziehen**. Der Moment, wenn Ihr Kind es endlich geschafft hat, sich aufzustellen, ist einer der Meilensteine, bei dem den Eltern immer die Augen glänzen, wenn sie es jemandem erzählen. Jedoch nur schön ist dieser Moment nicht. Dass das Kind stehen kann, ermöglich ihm auch, an viel mehr heranzukommen. Dies heißt, dass die überglücklichen Eltern empfindliche, zerbrechliche oder sogar giftige Sachen spätestens jetzt viel höher platzieren müssen oder gut verriegeln müssen. Auch Tische müssen jetzt von unten nach spitzen Kanten abgesucht werden.

Eine Mama verbringt die meiste Zeit des Tages mit ihrem kleinen Baby und bevor es anfängt zu laufen, trägt sie es die meiste Zeit ganz dicht bei sich. Sie erzählt ihrem Schatz, was sie macht und fragt ihr Kind, ob es gewickelt werden will, ob es mitkommen will und ob Mama irgendetwas anderes für es machen kann. Und auf einmal, aus dem Nichts, kommt ein artikulierter Ton aus dem kleinen Mund und das Kind hat zum ersten Mal „Mama" gesagt. Was für eine Freude für die Mama! Manche Kinder werden in der Zeit vor dem ersten Wort von den Verwandten regelrecht mit den dazugehörigen Bezeichnungen bombardiert: „Sag O-ma!" „Nein, sag O-pa!" „Was für ein Blödsinn, natürlich sagt sie/er als erstes Pa-pa!" Was auch immer **das erste Wort** wird, es erfreut alle in der Familie, auch wenn es der Name oder die kindliche Bezeichnung für ein Haustier ist.

Wann der Moment des ersten Wortes aber kommt, ist bei jedem Kind anders. Manche sagen sehr lange nichts, andere fangen sehr bald an, sehr viel zu reden. Wissenschaftler haben in den letzten Jahren herausgefunden, dass Kinder gehörloser Eltern viel eher anfangen, mit ihren Eltern in Gebärdensprache zu kommunizieren, als dass sie anfangen zu sprechen. Dies ist ein Beweis dafür, dass Kinder schon sehr früh eigentlich verstehen, was wir ihnen sagen, und es für sie leichter ist, auf etwas zu zeigen, als es zu benennen. Man könnte es also seinem Kind erleichtern, indem man ihm mit kleinen **Gesten und Zeichen** die alltäglichen Wörter untermalt. So könnten Eltern zum Beispiel jedes Mal, wenn sie eine Entscheidungsfrage wie: „Was willst du, das oder das?", stellen, darauf mit dem Finger zeigen. Man kann dazu auch Bilder benutzen. Wenn man dem Kind etwas vorliest, könnte man beispielsweise die Tiere, die in einer Geschichte vorkommen, deutlich zeigen, benennen oder auch nachahmen.

Es gibt viele Gründe, warum ein Kind sich entschließt, mehr oder weniger zu reden. Kinder, die ältere Geschwister haben, fühlen sich meistens von diesen verstanden, auch wenn sie nichts sagen. Dann deuten sie dem älteren Geschwisterkind eher auf etwas und das ältere Kind fungiert als ein Anwalt des Jüngeren. Ein Kind dagegen, das in einer sehr gesprächigen Familie aufwächst, kann eher anfangen zu reden, weil es die Wichtigkeit der Inklusion in die Familienroutine erkannt hat.

Kinder, die **bilingual** aufwachsen, sind auch ein Beispiel dafür, dass es Babys gibt, die etwas verspätet mit dem sinnvollen Sprechen anfangen können. Diese werden vielleicht mehr Zeit damit verbringen, Silbenkombinationen zu plappern. Sie müssen nämlich erst herausfinden, welche Laute es in ihren beiden Sprachen gibt, um sie dann richtig zuzuordnen. Man sollte sich dabei keine Sorgen machen, ob das

Kind nicht überfordert ist.

Wenn das Kind einmal zu sprechen anfängt, wird es gleich beide Sprachen ins Sprachrepertoire integrieren und richtig anwenden. Damit das aber gelingt, muss man die Sprachen so gut wie möglich voneinander trennen. Dabei sollte ein Elternteil ausschließlich die eine Sprache sprechen und der andere Elternteil die andere. So sollte man vorgehen, wenn die Eltern unterschiedliche Muttersprachen haben. Falls die Eltern eine gemeinsame Muttersprache haben und die Umgebungssprache eine Zweite ist, dann sollte zu Hause nur die elterliche Sprache gesprochen werden und mit den Nachbarn, im Geschäft, in der Kinderkrippe/Kindergarten oder allgemein außerhalb des Hauses die andere. Kinder lernen sehr schnell, zu unterscheiden, wer was spricht und mit wem man welche Sprache sprechen kann.

In **Migrantenfamilien** wird Eltern sehr häufig geraten, dass man auch zu Hause Deutsch sprechen sollte. Dies ist ein sehr kontraproduktiver Rat. Spätestens im Kindergarten werden auch Kinder mit Migrationshintergrund lernen, „richtig" Deutsch zu sprechen. Dort werden sie von Erzieherinnen betreut, deren Job es unter anderem auch ist, den kindlichen Wortschatz zu erweitern. Eltern, auch wenn sie die höchsten Sprachprüfungen abgelegt haben, könnten Sprachfehler, die sie selbst machen, auf ihre Kinder übertragen, wenn sie versuchen, nur auf der Umgebungssprache mit ihrem Kind zu kommunizieren. Hinzu kommt auch noch die Gefahr, dass die Kinder die Muttersprache der Eltern nie ausreichend erlernen und so der direkte Kontakt zu den Großeltern oder anderen Verwandten komplett gekappt wird.

Eine weitere Gefahr, die dadurch auch entsteht, ist, dass Eltern mit ihren Kindern keine 100-prozentige Kommunikation haben können. Manche Eltern erlernen nie die Umgebungssprache völlig und können dadurch mit ihren Kindern nicht tiefgreifendere Gespräche führen. Aus diesem Grund ist es sehr wichtig, immer seine eigene Muttersprache mit dem eigenen Kind zu benutzen.

Es gibt noch ein anderes sehr umstrittenes Thema, mit dem man sich in dieser Zeit beschäftigen muss, nämlich wie lange man sein **Kind stillen** will. Hierzu hat jede Mutter eine andere Meinung. Generell gilt: Bis zum vierten Lebensmonat ist es sehr vorteilhaft für Kinder, gestillt zu werden. Wann genau man aber aufhören will, ist am besten der Mutter und ihrem Baby zu überlassen. Einige Frauen haben große Probleme beim Stillen oder sie fühlen sich dabei nicht angenehm. Andere genießen es, für ihren kleinen Schatz so wichtig zu sein und ihn ganz nah bei sich zu haben. Babys bekommen (wie oben beschrieben) auch in unterschiedlichem Tempo Zähne. Manche Babys fangen dann gleich an, ihre Mütter damit zu beißen, was den Müttern ein Zeichen ist, sie langsam abzugewöhnen.

Andere Kinder bekommen sehr lange keine Zähne und die Mütter entscheiden sich dafür, länger zu stillen, weil es ihnen einfacher vorkommt, so ihr Kind zusätzlich zu ernähren. Zu einem Zeitpunkt zwischen dem vierten und dem sechsten Lebensmonat wäre es aber empfehlenswert, dass man mit der Beikost anfängt. Dies bedeutet noch lange nicht, dass man von heute auf morgen vom Stillen zu Brei wechselt. Mütter merken meistens einen Zeitpunkt, wenn das Kind mehr Hunger hat, als die Mutter Milch produzieren kann. Das feste Essen wird dann nach und nach eingeführt und das Stillen wird immer weniger. Manche Mütter fühlen sich glücklich, wenn sie dieses eine Stillen am Nachmittag oder abends beibehalten können. Diese Zeit gibt ihnen ein stärkeres Gefühl der Verbundenheit. Wenn man aber ein Kind in der Nacht noch stillt, raubt dies den so sehr nötigen Schlaf der Mutter. Deshalb ist es für Mütter manchmal auch eine große Erleichterung, wenn sie abgestillt haben. Wenn eine Mutter das Abgewöhnen aber zu schnell macht, kann es zu Problemen führen. Babys können zu dem Zeitpunkt viel öfter und länger weinen und die hormonelle Umstellung könnte auch auf die Stimmung der Mütter Auswirkung haben. Man sollte also mit Vorsicht und Plan dieser unnötigen Problematik entgegenwirken.

Die Bindung zur Mutter und zum Vater wird sich auch in der zweiten Hälfte des ersten Lebensjahres durch das sogenannte **Fremdeln** zeigen. Vielleicht fragen Sie sich: *Was ist Fremdeln überhaupt? Hat das jedes Kind? Kann ich was dagegen tun? Kann es vorkommen, dass mein Kind gar nicht fremdelt?* Die Antwort ist ganz einfach: Sie müssen nichts tun, es ist ein natürlicher Vorgang. Kinder wissen bis zu diesem Alter ganz genau, wer zu ihrer engen Familie gehört. Sie erkennen auch Verwandte und Freunde, die häufig zu Besuch kommen, wieder. Jedoch kann es ungefähr ab dem achten Monat dazu kommen, dass sie auf Unbekannte abweisend reagieren. Sie verstecken sich, drehen den Kopf weg, bedecken das Gesicht mit ihren Händchen oder fangen sogar zu weinen an.

Manchen Kindern fällt es schwerer, neuen Menschen zu vertrauen, andere laufen förmlich jedem in die Arme. Beides ist normal und völlig in Ordnung. Dies ist eine Phase. Die Kinder lernen dadurch, sich auf andere Menschen einzulassen, sich vor Fremden nicht zu fürchten und ihre eigene Angst zu überwinden. Auch wie oft Kinder in dieser Phase den elterlichen Schutz suchen, ist unterschiedlich. Man kann auch hier konstruktiv vorgehen: man kann an der eigenen Bindung mit dem Kind arbeiten und gleichzeitig oft neue Leute treffen. Vielleicht auch ganz unbekannten Leuten in der Nachbarschaft oder im Geschäft mal „Guten Tag" sagen oder auf einem großen Platz mit dem Kind andere Menschen beobachten. Dies wird das Fremdeln nicht „lösen", kann aber dazu führen, dass es Ihr Kind eher als normal ansieht, ohne Angst fremde Menschen um sich zu haben.

Um den ersten Geburtstag herum passiert meistens ein kleines Wunder, auf das bis dahin alle freudig warten: Der **erste Schritt alleine**. Das Kind, das davor meistens lange geübt hat, indem es entlang der Couch und Schränke getapst ist, lässt los und macht die ersten Watschelschritte ins Freie. Die kleine Ente hat Mut gesammelt und ist gegangen. Wie schon so oft gesagt, Kinder sind sehr unterschiedlich. Deswegen muss man sich nicht wundern, wenn ein Kind schon mit acht Monaten einen ersten Gehversuch gemacht hat und ein anderes auch nach dem ersten Geburtstag keine Anstalten macht, loszulassen. Muskeln, Psyche, Motivation, Gelegenheit und Förderung spielen hier allesamt eine wichtige Rolle. Erst wenn alles passt, werden Kinder ihre Schritte machen. Manchmal trauen sich Babys sehr früh, ein paar Schritte zu machen, fallen aber ungünstig hin oder wissen nicht, wie sie sich wieder hinsetzen können. Diese schlechte Erfahrung kann ihnen erstmals eine Warnung vor dem Gehen darstellen und sie machen lange keine Versuche mehr. Man sollte also in der Zeit immer dabei sein, um kurzzeitig helfen zu können. Manchmal auch, um einfach ein Spielzeug, das im Weg ist, aus dem Weg zu räumen. Zu viel Hilfe ist wiederum auch nicht gut. Kinder, die sich nämlich zu sicher fühlen, mit den

Eltern an der Hand zu gehen, fühlen sich vielleicht nicht motiviert, sich in die Unsicherheit des eigenen Gehens zu begeben. Sie denken womöglich, dass es unnötig ist, alleine zu gehen, da die Eltern ja sowieso immer dabei sind.

Tipps:
• Lassen Sie Ihr Kind eine für ihn/sie perfekte, eigene Art der Fortbewegung auszusuchen
• Platzieren Sie interessante Gegenstände höher, damit das Kind den Anreiz hat, aufzustehen
• Räumen Sie alle gefährlichen oder empfindlichen Sachen außerhalb der Reichweite Ihres stehenden Kindes auf
• Vergewissern Sie sich, dass Ihr Haus babysicher ist, auch wenn das Kind stehen kann
• Wiederholen Sie die Wörter, die Sie als erstes hören wollen
• Untermalen Sie Wörter mit Gesten oder Bildern
• Wann ein Kind anfängt zu reden, ist seine eigene Entscheidung
• Kinder mit Migrationshintergrund dürfen nicht gezwungen werden, zu Hause nur Deutsch zu sprechen
• Mütter und ihre Babys entscheiden alleine, wann

die Zeit des Abstillens gekommen ist

• Das Kind fremdeln lassen und selbst mit Beispiel zeigen, dass Fremde nicht angsteinflößend sind

• Bei den ersten Schritten gut auf das Kind aufpassen, aber nicht zu sehr beschützen

DAS ZWEITE JAHR

• Die ersten Schuhe

• Trotz und Grenzen

• Ärger und Wut

• Großer Hunger oder Diät

• Erste Sätze oder schon erste Geschichten

Sie sehen sich die Bilder von dem ersten Jahr Ihres Kindes an und staunen, wie groß es in diesem ersten Jahr geworden ist und wie viele Entwicklungen es durchgemacht hat. Ihr Kind hat jetzt wahrscheinlich einige Zähne, vielleicht auch Haare, steht mitten im eigenen Zimmer und ruft ganz deutlich nach Ihnen. Es war vielleicht auch schon mal krank und ist mit Ihrer Hilfe gesund geworden. Sie haben aber auf jeden Fall ein paar Sachen gemeistert, von denen Sie gar nicht wussten, dass Sie es so erleben werden.

Ihr Kind ist in den letzten Wochen sein/ihr Zimmer komplett abgegangen und kann jetzt sehr zielsicher die eigenen Schritte dahin lenken, wo das nächste Interesse liegt. Zu Hause läuft es barfuß oder in Socken – am besten welchen mit Gumminoppen. Jetzt ist es an der Zeit die ersten „echten" Schuhe zu kaufen. *Warum reden wir von „echten" Schuhen? Gibt es denn falsche?* Ja, leider gibt es auch **Schuhe**, die für die Entwicklung des kindlichen Fußes sehr nachteilig sind. Als Erstes ist es wichtig, das Kind mit ins Geschäft zu nehmen und dort den Kinderfuß zu messen. Kinder ziehen ihre Zehen gerne zurück und machen es ungeübten Eltern schwer, alleine die richtigen Schuhe auszusuchen. Zu kleine oder von der Breite her unpassende Schuhe können schlimme Folgen auf das Gehen-Lernen und später auch die Wirbelsäule haben. Lassen Sie sich deswegen im Laden beraten. Eine weitere sehr wichtige Sache ist, dass die ersten Kinderschuhe weich sein sollen.

Die Sohle muss sehr biegsam sein, sogar so, dass man mit dem Zehenteil die Ferse berühren kann. Kinderschuhe fangen gewöhnlich ab einer Größe von 17 an und je nachdem, wie schnell Ihr Kind wächst, können sie drei Monate bis ein halbes Jahr getragen werden. Man sollte, entgegen der geläufigen Meinung, die Schuhe nicht weiteren Kindern vererben. Schuhe passen sich sehr bald einem Kinderfuß an und somit würde das zweite Kind nicht für ihn/sie passende Schuhe haben und wie oben erwähnt vielleicht andere gesundheitliche Probleme dadurch bekommen.

Kinder gleicher Eltern können auch in der Breite sehr unterschiedliche Füße haben und deswegen auch andere Schuhmodelle brauchen. Aus all dem sollten Sie auf jeden Fall schließen, dass sich die Beratung in einem Kinderschuhgeschäft auf jeden Fall lohnt. Für die ersten Schuhe sollten Sie sich auf jeden Fall Zeit lassen und vielleicht auch die Ratschläge in ein paar Läden suchen.

Jetzt, wenn Ihr Kleines so viele Schritte durchs Haus macht, fühlt es sich bestimmt auch selbstständiger. Es muss nicht nur dahin getragen werden, wo Sie wollen, es kann auch dahin gehen, wo es selber entschieden hat. Sie müssen also ständig hinterher. *Soll ich dieses Benehmen ignorieren? Muss ich den ganzen Tag hinterherlaufen und Nein sagen? Warum will sich mein Kind immer in Gefahr bringen? Genießt es, genau das zu tun, was ich ihm verboten habe?* Bei allen Eltern kommen diese Fragen auf. Obwohl es hier viele Strategien gibt, um mit **Trotz und Selbstständigkeit** umzugehen, ist eine davon ganz sicher die Falsche: Ignorieren.

Was vielleicht bei Ihrem kleinen Hündchen funktioniert hat, wird bei Ihrem Kind vollkommen falsch verlaufen. Kinder müssen aktiv lernen, dass ein Verhalten falsch ist. Wenn sie sich in Gefahr bringen, werden sie es meist nicht spüren, sondern brauchen elterliche Rettung. Aus diesem Grund muss man immer eingreifen und darf das Kind nie ignorieren. Man sollte aber auch versuchen zu verstehen, was für eine Absicht hinter dem Vorhaben Ihres Kindes steht. Unbekannte Gegenstände sind beispielsweise immer interessant. Was davon aber heiß, scharf, spitz oder giftig ist, können Kinder nicht erkennen. Man sollte deshalb, bevor man es den Kindern wegnimmt, auch kurz den Grund erklären. Klar, verstehen sie es jetzt noch nicht. Sie werden dann aber nicht nur ein für sie sinnloses Nein hören, sondern instinktiv verstehen, dass mit dem Gegenstand etwas Zusätzliches verbunden ist.

Kinder lernen jetzt auch Körperteile erkennen

und benennen. Dafür wollen sie diese auch zeigen, an sich und anderen. Wenn dafür ein kleiner Kindesfinger in die elterlichen Augen gerät, sollte man auch deutlich zeigen, dass dies der Mama oder dem Papa weh tut. Auch mit Tieren sollte der Umgang gelernt werden. Wer zu Hause einen Hund oder eine Katze hat, sollte auf jeden Fall seinem Baby zeigen, wie man das Tier richtig streichelt. Man kann den Umgang mit dem Haustier vormachen und dem Kind dann auch sagen, es soll jetzt das Tier genauso behandeln. Egal, ob es sich dabei um Streicheln, Füttern, Spielen oder In-Ruhe-lassen handelt. Doch nicht nur Umgang mit sich selbst und anderen Lebewesen muss gelernt werden. Auch an dem richtigen Umgang mit Gegenständen muss man gemeinsam mit dem Kind arbeiten. Man kann mit dem Kind üben, wie man Wäsche aus dem Korb zur Wäscheleine bringt, Müll in die Tonne schmeißt, Spielsachen in Schubladen aufräumt oder Bücher richtig blättert. Sollte ein Gegenstand misshandelt werden, beispielsweise ein Buch kaputt gemacht werden, kann man es dem Kind einfach wegnehmen. Vielleicht hat das Kind gerade zu viel Energie, die es erst „auspowern" muss, um später das gleiche Buch in Ruhe blättern zu können. Ablenkung von einer gefährlichen oder zerstörerischen Situation ist in diesem Alter noch sehr leicht zu schaffen. Ein Verbot muss aber in jeder Situation standhaft bleiben und nicht aus Bequemlichkeit beim vierten oder zehnten Mal zu einem Vielleicht-Verbot werden.

Ähnlich verhält es sich auch mit kindlichen **Wutausbrüchen**. Die „schlechte" Reaktion auf etwas, was einem Baby oder einem älteren Kind nicht passt, ist etwas, was als „Schlechtes" erst eingestuft werden muss. Bisher hat Ihr Baby durch Weinen signalisiert, dass ihm etwas nicht passt. Dieser Reflex bildet sich jetzt weiter. Das Wegwerfen von Gegenständen, das Wegschubsen, Schlagen, Beißen, Brüllen, Zwicken, Treten, Stampfen oder sogar theatralisch Auf-den-Boden-schmeißen, sind einfach andere Formen von Zeichen einer für das Kind unpassenden Situation. Das Kind hat einfach reagiert. Es muss erst lernen, welche Reaktion am ehesten zum Ziel führt. Frust und Überforderung oder sich nicht verstanden zu fühlen, sind am Anfang nicht einfach zu bewältigen. Hier benötigt es an elterlicher Einschätzungsfähigkeit, um zu entscheiden, ob man eingreifen möchte oder muss.

Der Wutausbruch könnte zum Beispiel einfach ein Ventil sein, um den Frust kurz herauszubrüllen, weil das Kind etwas nicht verstanden hat. Kurz darauf kann auch wieder Ruhe einkehren. Solche Situationen werden mit der Zeit weniger, je mehr das Kind an Gesprächen teilnehmen kann. Man sollte in dem Fall einfach mit ruhiger Stimme dem Kind erklären, dass so etwas nicht passend war. Sollte der Wutausbruch aber gegen Menschen gerichtet werden, beispielsweise gegen einen Spielplatzfreund/-freundin, dann sollte man auf jeden Fall eingreifen und eine Vorgehensweise zur Lösung der Situation anbieten. Vielleicht wollte Ihr Kind mit der Schaufel des anderen Kindes spielen und hat deswegen das andere Kind weggeschubst und womöglich ist das andere Kind auch umgefallen. Sie sollten hier Ihrem Kind erklären, dass die Schaufel dem anderen Kind gehört und dieses mit seinem Spielzeug spielen darf. Ihr Kind kann sein eigenes Spielzeug zum Tausch anbieten oder ein wenig warten, bis das andere Kind damit fertig gespielt hat.

Sollte Ihr Kind aber hartnäckig dabeibleiben und aggressiv gegenüber einem anderen Kind sein, können Sie es aus der Situation entfernen. Sie nehmen es an der Hand oder im schlimmsten Fall auf den Arm und bringen es an ein anderes Ende des Spielplatzes. Kinder lassen sich hier meistens noch leicht ablenken. Sollte das aber nicht funktionieren, geht man mit dem Kind direkt nach Hause. Wenn sich Ihr Kind aber an die von Ihnen gewünschte Vorgehensweise hält, vergessen Sie nicht, Ihr Kind zu loben. Sehen Sie es aber auch nicht als etwas Schlimmes, sollte Ihr Kind häufiger seinen „schlechten" Weg gehen als den von Ihnen angebotenen. Es ist ein Lernprozess. Kinder sollen ihre Meinung und ihren Willen zum Ausdruck bringen, aber den individuellen Stil dafür zu finden, ist nicht so einfach. Wichtig ist, dass die Gewalt, mit der die Kinder reagieren, immer weniger auftritt und Sie immer mehr Selbstkontrolle bei Ihrem Kind bemerken.

Diese Phase mit Trotz, Selbstständigkeit und Wutausbrüchen kann für Sie eine sehr anstrengende werden, in der Ihre Geduld und Ihre Selbstbeherrschung an die Grenzen kommen. Wichtig ist, sich dabei immer vor Augen zu behalten, dass diese Aktionen Ihres Kindes nicht gegen Sie persönlich gerichtet sind. Ihr Kind schafft es einfach noch nicht, mit seinen starken Gefühlen klar zu kommen. Es braucht in dieser Zeit Ihre aktive Hilfe. Es ist aber auch sehr wichtig, dass Sie verstehen, dass Sie Ihre Regeln, nach einem anstrengenden Benehmen Ihres Kindes, nicht lockern dürfen.

Denn daraus lernt das Kind, Sie zu manipulieren. Vielleicht schaffen Sie es zu Hause, Ihr Kind leicht unter Kontrolle zu halten, aber im Geschäft, wo so viele unbekannte Augenpaare auf einmal ein großes Drama mit Ihrem Kind verfolgen, nicht. Bleiben Sie auch da konsequent. Es ist Ihr Kind und Sie wissen am besten, was es jetzt braucht oder wohin es gerade gehen muss. Es kann Ihnen aber vielleicht leichter fallen, Ihre gewünschte Routine durchzuziehen, wenn Sie dem Kind – auch wenn das andere hören können – den vorgesehenen Vorgang erklären. Sie werden dann meistens auch merken, dass andere Menschen Sie bestärkend anlächeln werden.

Man kann aber noch ein paar Sachen machen, um die Selbstständigkeit der Kinder zu fördern und somit auch mehr Ruhe zu bewahren. Wenn es möglich ist, erlauben Sie Ihrem Schatz, Neues auszuprobieren. Beispielsweise jedes Mal, wenn Sie Zeit haben, erlauben Sie dem Kind, sich selber anzuziehen, auch wenn es sehr lange dauert und am Ende auch komplett falsch aussieht. Ihr Kind wird dabei Spaß haben und auch Neues lernen und kurz darauf wird es auch viel ruhiger sein. Überdenken Sie auch die Anzahl Ihrer Regeln und Grenzen.

Wenn sie überschaubar sind, kann sich das Kind auch leichter daranhalten. Dabei hilft auch, die Wohnung ein bisschen umzuordnen, damit für das Kind interessante, aber empfindliche Sachen außer Greifweite sind. So muss man auch gleich ein paar Mal seltener Nein sagen. Denken Sie immer daran, dies ist auch nur eine Phase. Sie wird, wie die anderen davor auch, vergehen und Ihr Kind wird dann wieder viel ausgeglichener sein.

Es gibt noch eine Sache, die sich einpendeln muss, nämlich die **Essgewohnheiten**. Haben Sie schon bemerkt, dass Ihr Kind an einem Tag kaum etwas gegessen hat und zwei Tage später fast alles aus Ihrem „erwachsenen" Mittagsteller verputzt hat? Kinder essen in dieser Zeit meistens so lange, wie sie ein Hungergefühl haben. Sie essen nicht aus Gewohnheit oder Pflicht Ihnen gegenüber. Meistens kann man den großen Hunger mit einem Wachstumsschub verbinden und das Nicht-Essen mit der Wachstumspause. Obwohl Sie das hier lesen, werden Sie aber nicht ohne Sorgen sein. An dem Tag, an dem Ihr Kind vielleicht nur die Flasche nimmt, Wasser trinkt und das Familienessen angucken will oder vielleicht kurz anlecken und ausspucken wird, werden Sie sich sorgen. Man sollte in dieser Situation die Kinder auf keinen Fall zum Essen zwingen. Wie oben erwähnt, werden Kinder, die hungrig sind, auch essen. Sollte ihnen wirklich ein Essen nicht schmecken und es nur daran liegen, werden sich Kinder schon sehr bald beschweren und klarstellen, was sie eigentlich essen wollen. Es schadet also nicht, einen Plan B für die Mahlzeiten Ihrer Kinder zu haben. Manche Kinder haben eine Vorliebe für eine besondere Art Obst oder Gemüse, andere mögen Brot, dritte wiederum sind verrückt nach Käse oder Fleisch. Wenn das von Ihnen ausgewählte Essen abgelehnt wird, können Sie es mit einem Bissen vom Lieblingsessen probieren. Sollte das Lieblingsessen nicht angenommen werden, wissen Sie, dass es nicht an dem Essen liegt, sondern einfach daran, dass Ihr Kind jetzt keinen Hunger hat. Es wird dem Kind nicht schaden, wenn es an einem Tag kaum was gegessen hat. Sollte sich aber die Situation auf mehrere aufeinander folgenden Tage erstrecken, sollten

Sie auf jeden Fall den Kinderarzt/die Kinderärztin um Rat fragen.

Nachdem Sie die schwierigen Phasen durchgemacht haben und mit dem Essen viel ausprobiert haben, kommen Sie nach längerer Zeit bei Verwandten zu Besuch. Nach dem anfänglichen Staunen, wie groß Ihr Baby inzwischen geworden ist, bleiben die freundlichen Gesichter auf einmal ohne Worte. Ihr Kind hat das Wort ergriffen und hat ein paar **ganze Sätze** gesagt. Alle sind überglücklich und wollen noch mehr von der Meinung Ihres Kindes hören. Sie selbst sind sehr glücklich und sehr stolz. Sie werden gefragt, seit wann Ihr Kind denn spreche. Darauf wissen Sie erstmals keine Antwort. Die kindlichen Sätze haben sich langsam eingeschlichen. Es waren nur wenige Wörter am Anfang, dann wurden die Wörter immer klarer und irgendwann ist der Wortschatz so gewachsen, dass die Sätze von alleine kamen. Die Eltern bemühen sich die ganze Zeit, neue Wörter einzuführen und Vorgänge immer mehr zu erklären. Dass aus Wörtern Sätze geworden sind, fällt dabei nicht jedem auf.

Tipps:

- Sich für die ersten Schuhe ausgiebig beraten lassen
- Schuhe nicht weitergeben, weil das zu ernsthaften Gesundheitsproblemen führen kann
- Das Kind zu ignorieren nie als Erziehungsmethode verwenden
- Vormachen, Erklären, Ablenken und zu Verboten zu stehen sind die besten Erziehungsstrategien
- Die Angriffe des Kindes nicht persönlich nehmen
  - Nicht besorgt sein, wenn Ihr Kind an einem Tag nichts gegessen hat

Es ist jetzt schon ein Kind

Die ersten zwei Jahre sind um und aus dem hilflosen Baby ist ein Kind geworden. Sie kennen nun Ihr Kind sehr gut und es kennt auch Sie sehr gut. Wenn es etwas will, kann es das auch sagen und umgekehrt, wenn Sie etwas fragen, kann es auch antworten – je nach Temperament natürlich. Jetzt ist es an der Zeit, sich einen genaueren Blick in Erziehungsstile zu verschaffen. Jeder Elternteil hat eine andere Erziehung genossen und hat andere Vorstellungen, wie das gemeinsame Kind erzogen werden soll. Die Eltern haben bis jetzt sicher bestimmte Tendenzen der eigenen Erziehung bemerkt. Jetzt ist es an der Zeit, der „eigentlichen" Erziehung einen Rahmen zu geben.

WELCHEN ERZIEHUNGSSTIL AUSWÄHLEN?

Die ersten Studien über Erziehung, die für unsere heutige Zeit relevant sind, wurden 1939 durchgeführt. Damals haben sich Lewin, Lippitt und White mit den Auswirkungen von drei verschiedenen Führungsstilen auf Jugendliche beschäftigt. Diese waren **autoritär**, **demokratisch** und **Laissez-faire**. Sie kamen zu dem Schluss, dass der demokratische Stil am besten war. Dieser bot den Jugendlichen genug Freiheiten, um selbst zu entscheiden, aber trotzdem ausreichend Unterstützung zu bekommen. Bei dem autoritären Stil war das Maß an elterlicher Kontrolle zu groß, bei dem Laissez-faire hat es an Lenkung gefehlt.

Später haben Forscher zwei zusätzliche Dimensionen elterlicher Erziehung herausgefiltert, nämlich **Strenge** und **Unterstützung**. Diese zwei

Dimensionen, wie Eltern auf ihre Kinder eingehen, kommen auch in den heutigen Studien vor. Die heutigen Überlegungen zu Kindererziehung führen aber alle auf die Erziehungstypologie Diana Baumrinds zurück. In ihrer Arbeit wurden folgende drei Arten der Erziehung ausgearbeitet: **die autoritative**, **die autoritäre** und **die permissive**, gekoppelt mit den oben aufgeführten Dimensionen. Seitdem diese das erste Mal im Jahr 1966 vorgestellt wurden, hat sich nicht mehr viel geändert. 1983 haben dann Maccoby und Martin dem System von Baumrind noch einen Stil hinzugefügt, nämlich den **vernachlässigenden**.

Die **autoritative** Art, sein Kind zu erziehen, beinhaltet ein hohes Maß an beiden Dimensionen, sowohl Strenge als auch Unterstützung. Die Eltern sind hierbei in der Erziehung sehr präsent. Es gibt klare Regeln, die von den Kindern konsequent verfolgt werden müssen. Diese sind aber auch an das Alter und die derzeitigen Bedürfnisse und den Fähigkeiten der Kinder angemessen aufgestellt. Eltern, die nach diesem Prinzip erziehen, begründen immer ihre Entscheidungen und fördern das selbstständige Denken. Sie nehmen ihre Kinder ernst und helfen ihnen aktiv.

Der **autoritäre** Stil dagegen beinhaltet ein hohes Maß an Strenge, aber ein geringes an Unterstützung. Diese Eltern sehen die Erziehung ihrer Kinder meist einseitig. Sie fordern viel und kontrollieren auch, ob dies genauso ausgeführt wurde, wie sie das vorgegeben haben. Hier wird Gehorsam erwartet und jede Diskussion mit den Eltern fällt flach. Sollte etwas nicht nach Plan verlaufen, folgen Strafen. Dieser Stil hat als Folge emotionale Distanz und ein kaltes, feindseliges Familienklima.

Bei dem **permissiven** Still verhält es sich genau umgekehrt. Die Unterstützung ist im hohen Maße gegeben, die Strenge aber in einem sehr kleinen. Es gibt keine oder kaum Anforderungen an das Kind und viele Freiheiten werden angeboten. Die Eltern sind bei Regeln sehr nachgiebig und kontrollieren ihr Kind kaum. Kinder, die so erzogen werden, zeigen ein hohes Maß an Selbstständigkeit, sie können aber häufiger frustriert werden, wenn etwas nicht nach ihrem Plan verläuft. Dies ist die klischeehafte Erziehung von Einzelkindern.

Der vierte **vernachlässigende** Still ist einer, bei dem weder Strenge noch Unterstützung sehr ausgeprägt sind. Eltern sind sehr distanziert und es scheint so, als hätten sie sich aus der Erziehung zurückgezogen. Meistens ist dieser Stil nicht von den Eltern bewusst ausgewählt. Es ist etwas, was meistens durch Familienprobleme entsteht (Tod des Ehepartners, Alkoholkonsum, Drogenabhängigkeit, psychische Erkrankungen etc.).

Zahlreiche Studien haben bisher bewiesen, dass Eltern, die den autoritativen Stil für ihre Erziehung nutzen, wenig falsch machen können. Der sozialen Kompetenz und guten Leistungen der Kinder steht damit nichts im Wege. Es haben sich sehr selten Verhaltensauffälligkeiten gezeigt, dafür sind diese Kinder oft sehr beliebt bei ihren Gleichaltrigen. Doch ob ein Erziehungsstil zu einem Kind passt, lässt sich nicht nur auf Grund dieser Forschungsergebnisse festmachen. Die oben aufgeführten Ergebnisse stellen einen Blick aus der westlichen Perspektive auf die Erziehung dar. Zur Erziehung gehört außer der ganz eigenen Persönlichkeit Ihres Kindes, auf die Sie auf jeden Fall eingehen sollten, auch ein kultureller Kontext. Bestimmte Handlungen haben eine kulturelle oder ethnische Bedeutung. Manche Eltern erziehen ihre Kinder entsprechend der Kultur, in der sie leben, manche sträuben sich dagegen und wählen einen anderen Weg. Hierbei ist es auch nicht außer Acht zu lassen, ob die Eltern selbst in der gleichen Kultur aufgewachsen sind wie ihre Kinder oder ob sie eine ganz andere als Vorbild hatten. Je nachdem, was man als Elternteil aus seinem Elternhaus mitgenommen hat, wird man diese Vorgänge entweder willkommen heißen oder sie teilweise oder vollkommen ablehnen. Die Meinungen der Großeltern, egal ob erwünscht oder unerwünscht, werden sich auch in Ihrem Erziehungsstil bemerkbar machen.

Vielleicht haben Sie sich als Eltern auch Gedanken über den Erziehungsstil gemacht, einen ausgewählt und versuchen jetzt danach zu handeln. Man muss dabei aber verstehen: Als Eltern haben wir nicht ein Computerprogramm in uns eingebaut, das in jeder Situation nach dem ausgewählten Schema verfährt. Alle Eltern wünschen sich, ihren Kindern die beste Erziehung zu geben, doch dies wird vielleicht nicht in jeder Situation funktionieren. Der Alltag oder eine unerwartete Aktion oder Reaktion des Kindes kann Eltern ihre Erziehungstaktik komplett ändern lassen. Diese Änderung kann langfristig oder nur kurzzeitig aus Affekt passieren. Man muss sich dabei erinnern, dass die Wissenschaft nie alle Kinder in allen Situationen untersuchen kann. Sie als Eltern sind diejenigen, die Ihr Kind am besten kennen. Wenn Sie das Gefühl haben, Sie sollten Ihren Erziehungsstil überdenken, dann tun Sie das. Die Wissenschaft, Kinderärzte oder Beratungsstellen können Ihnen dabei helfen. Es ist nicht schlimm, sich in schwierigen Situationen Hilfe zu suchen. Die Entscheidung liegt schlussendlich bei Ihnen, egal wie viele Ratschläge Sie davor in Betracht gezogen haben.

WAS BRAUCHT EIN KIND?

- Kreativität
- Sport
- Musik
- Bücher und lesen
- Elektronische Geräte und Spiele
- Gesellschaft

Bei einem Baby sehen wir **Kreativität** in einem kleinen Maße. Zum Beispiel in den verschiedenen Arten, wie es seine/ihre Kleidung anzuziehen versucht, was von dem Spielzeug oder welche Laute es miteinander kombiniert. Ein Kind dagegen kann viel mehr und ist deswegen auch in der Lage, in einer Palette an Aktivitäten seine Kreativität zu entfalten. Malen, Basteln, Tanzen, Schauspiel und Erzählen sind nur einige Beispiele dafür. Ihr Kind entwickelt dadurch seine motorischen und mentalen Fähigkeiten. Das Spielen ist erstmals ein Probieren, was und wie es geht und was nicht geht.

Wenn Ihr Kind einmal die grundlegenden Abläufe der oben aufgeführten Aktivitäten beherrscht, wird es dies zu seinem Nutzen einsetzen. Hierzu braucht das Kind nicht notwendig teures, pädagogisch wertvolles Spielzeug oder dafür spezialisierte Kurse. Man kann als Elternteil die Kreativität seines Kindes auch alleine fördern. Papier und viele, unterschiedliche, grelle Farben werden das Kind auch zum Zeichnen und Malen bringen. Es ist nicht schlecht, dass Ihr Kind seine/ihre Kreativität auch ohne Leitung ausprobiert. Probieren Sie doch einmal, Ihrem Kind unterschiedliche Musik zu Hause zu spielen, und sehen Sie genau zu: Es wird von sich aus auch schon Präferenzen haben. Zu einer Musik wird es tanzen wollen, zur anderen Singen, eine dritte wird ihn/sie vielleicht zum Malen inspirieren und eine vierte wird ihn/sie komplett kalt lassen. Kinder – egal ob Mädchen oder Jungen –, die mit Puppen (beispielsweise Barbie) spielen, arbeiten soziale Situationen durch.

Diese Kinder können dadurch besser soziale Kompetenzen entwickeln, besonders wenn sie mit Freunden spielen. Sie müssen auf die von ihren Freunden gelernte und erlebte Situationen reagieren. Dies ermöglicht es ihnen, sich über mögliche Situationen Gedanken zu machen, ohne sie selbst erlebt zu haben. Sollten Sie sich einmal dazu entscheiden, mit Ihrem Kind mit Puppen, Bären oder anderen „gesprächsfähigen" Gestalten zu spielen, werden Sie viel über die Erfahrungen Ihres Kindes lernen. Fallen Sie nicht darauf rein, Ihrem Kind Spielzeug wegzunehmen, weil dieses „nur für Jungs" oder „nur für Mädchen" ist.

In ihrer Kreativität wollen Ihre Kinder Schauspieler des Lebens sein. Ein Junge, der beispielsweise seine Mama spielt und etwas von ihrer Kleidung anzieht, kann sich vielleicht später besser in die Situation seiner Mama versetzen und entwickelt somit mehr Mitgefühl und Empathie für seine Mitmenschen.

Körperliche Aktivitäten und Sport sind einer der besten Ausgleiche für Ihre Kinder und auch Jugendliche. Kleinere Kinder wollen ihre Muskeln ausprobieren und die Grenzen ihrer körperlichen Fähigkeiten testen. Bei kleineren Kindern könnten Sie ihre Freude an Bewegung dazu nutzen, auch für Sie kleinere Arbeiten zu erledigen. Wenn Ihr Kind das Auf-die-Leiter-Steigen gemeistert hat, dann engagieren Sie es doch, etwas von einem hohen Regal für Sie zu holen. Oder wenn Sie einkaufen waren, geben Sie Ihrem Kind auch etwas zu tragen. Wenn ein Kind rennen will, kann es schnell zum Telefon oder zur klingelnden Tür rennen und antworten. So können Sie es spielerisch in die Arbeit im Haushalt heranführen.

Über solche kleinen Aufgaben und spielerisches Mitarbeiten werden Kinder weltweit in ihr Umfeld eingebunden. Wenn Sie in der Natur sind, können Sie es auffordern, über Bachsteine an das andere Ufer zu springen, neben Ihnen auf einer schmalen Mauer zu balancieren oder auf einen Baum zu klettern. Sie können den Bewegungsdrang Ihrer Kinder nutzen, indem Sie sie dazu motivieren, so früh wie möglich schwimmen zu lernen oder Fahrrad zu fahren. Aktivitäten wie Skifahren, Reiten oder

Schlittschuhlaufen bieten sich auch an. Später können Sie es auch zu einem Gruppensport motivieren. Durch Sport ausgelastet wird Kind oder ein Jugendlicher höchstwahrscheinlich nicht mehr genug Energie haben, um Ihnen Probleme zu bereiten und Schäden anzurichten. Sollten Sie selbst bisher keine Affinität und Interesse an Sport haben, lassen Sie sich doch von der Begeisterung Ihrer Kinder an Bewegung anstecken. Sollte dies Ihren Kindern aber nicht ausreichen, können Sie immer Verwandte oder Vereine aufsuchen.

Jeder Mensch hat ein Gefühl für Rhythmus. Er ist in den Schritten, in der Sprache, aber auch in unserem Puls. **Musik** ist aber eher eine Gewöhnungssache. Wissenschaftler haben entdeckt, dass kleinere Kinder Musik, die Sie häufig hören, auch interpretieren und später auch mit der Stimme nachahmen können, wohingegen Musik aus einer anderen, fremden Kultur ihnen unmelodisch vorkommt und sie nicht wirklich darauf reagieren. Man kann seinem Kind Musikalität – also eine allgemeine Art Vorliebe zur Musik – beibringen. Kinder, die zu Hause mit ihren Eltern Singen, Tanzen, ein Instrument spielen oder einfach Musik hören und darüber sprechen, entwickeln früher ihre Stimme und ihr Tanzgefühl. *Was, wenn ich kein Instrument spiele? Ich singe selbst nur unter der Dusche, wie soll ich meinem Kind das Singen beibringen? Kann ich auch trotz zwei linken Beinen mein Kind im Tanzen unterstützen?* Die einfache Antwort darauf ist: Dies alles spielt keine entscheidende Rolle.

Natürlich, wenn Sie etwas davon selbst sehr gut können, können Sie spezifischer und detaillierter beim Beibringen vorgehen. Aber es ist kein Muss. Sie können Ihrem Kind ein einfaches Xylophon oder eine Flöte besorgen und es motivieren, die Töne zu entdecken. Mit dem Tanzen ist es noch einfacher. Wie schon erwähnt, hat jeder Mensch ein Rhythmusgefühl. Sobald Sie sich mitten im Wohnzimmer aufstellen und zu Ihrer Lieblingsliederplaylist tanzen, wird es Ihr Kind nachmachen und auch selbst seine eigenen Tanzschritte probieren. Auch beim Singen müssen Sie sich das Leben nicht unnötig schwer machen. Singen Sie nicht ein kompliziertes Lied oder vielleicht überhaupt ein Lied. Auch wenn Sie mit Ihrem Kind nur ein Do-Re-Mi rauf und runter singen, fördern Sie Ihr Kind. Bei den Aktivitäten, die sich um Musik drehen, ist eine der wichtigsten Sachen überhaupt, was Sie für eine Einstellung dazu haben. Sollten Sie sich selbst schämen und diese Aktivitäten als schlecht, langweilig und unnötig abstempeln, ist es sehr wahrscheinlich, dass Ihr Kind Ihre Einstellung dazu auch „erben" wird.

Bücher und Lesen allgemein sind ein großes Thema für Ihr Schulkind. Ähnlich wie bei dem Thema Musik, können Sie mit Ihrer Einstellung hier viel für Ihr Kind tun. Schon im Babyalter können Sie Bücher besorgen und diese mit Ihrem Kind blättern. Später können Sie aus einem Buch Gute-Nacht-Geschichten vorlesen. Für das Lesenlernen können Sie ein spannendes Buch besorgen, das Ihr Kind Ihnen vorlesen soll. Wenn es selber lesen kann, können Sie eine bestimmte Zeit am Tag als Lesezeit bestimmen und Sie lesen zusammen etwas. So wird aus dem Lesen kein schlimmer Zwang, sondern etwas Normales, Alltägliches. Es ist egal, was man zu dieser Zeit liest. Es kann von Zeitung über Koch- oder Sachbuch bis hin zur Belletristik sein. Hauptsache ist, Sie lesen und parallel dazu liest Ihr Kind auch. Nachdem die Zeit um ist, fragen Sie Ihr Kind, was es denn gelesen hat und erzählen Sie ihm, was Sie gelesen haben. Ihr Kind hat noch kein Wissen darüber, welche Bücher es alles gibt, deswegen können Sie ihm immer etwas anderes anbieten. Sie können auch Ihre Verwandten und Freunde dazu motivieren, Ihrem Kind Bücher zu schenken. Dies wird dem Kind auch als Hinweis dienen, dass Bücher wichtig sind. Bei bilingualen Kindern oder Kindern, die in der Schule schon mit dem Lernen einer Fremdsprache begonnen haben, bietet sich an, Bücher auf der anderen Sprache zum Vor- und Selber-Lesen zu besorgen.

Die Diskussion über das Thema der **elektronischen Geräte und Spiele** nimmt in Bezug auf Kinder und Jugendliche jedes Jahr zu. Fernsehen, Computer und elektronische Spiele sind Teil des Alltags und das schon sehr lange. Ihre Kinder sehen die häufige Anwendung und wollen auch sehr bald selbst davon Gebrauch machen. Im Grunde ist es auch nichts Schlechtes, dass man diese Technik, wenn man sie hat, auch benutzt. Kinder können im Fernsehen etwas sehen, was sie im echten Leben nicht sehen können, beispielsweise in einer Sendung über wilde Tiere oder das Weltall. In Kindersendungen können sie auch etwas für ihr Alter Spezifisches erlernen. Doch ein Zuviel kann in vielerlei Hinsichten Schaden verursachen. *Wie viel ist denn zu viel? Kann*

denn Fernsehen meinem Kind schaden, auch wenn ich weiß, was es sieht? Eltern haben viele Fragen, Zweifel und Sorgen zu diesem Thema, es gibt aber auch viele Eltern, die eine Gefahr gar nicht erkennen. Häufig kommt es vor, dass Eltern den Fernseher als Erzieherin benutzen und das Tablett als Ablenkung. Dies ist besonders beim Essen im Kleinkindalter gefährlich. Kindern, die nicht essen wollen, werden manchmal Zeichentrickfilme angeboten, um sie währenddessen füttern zu können. Dieser Vorgang kann häufig dazu führen, dass Kinder nicht genug kauen und so ihre Kiefer nicht genügend entwickelt werden.

Dies kann in einer körperlichen Kettenreaktion dann sogar dazu führen, dass Ihr Kind später Wirbelsäulenprobleme entwickelt. Eine andere Gefahr im Vorschul- und Grundschulalter ist die der Abhängigkeit. Kinder, die einen ganztägigen und ungestörten Zugang zu elektronischen Geräten haben, haben keine Hemmungen, sich etwas „den ganzen Tag" anzuschen. Dies ist weder für ihre Augen noch für die Entwicklung ihrer sozialen Kompetenz gut. Viel besser ist es, die Zeit, die Ihre Kinder an elektronischen Geräten verbringen, zu strukturieren. Erteilen Sie Ihren Kindern Regeln, was und wie lange sie am Tag ansehen dürfen. Verschiedene Sendungen haben auch eine Angabe für ein Mindestalter von Kindern und Jugendlichen.

Daran sollten Sie sich auch unbedingt halten. Diese Angaben wurden getroffen, um Ihr Kind vor einem unnötigen Trauma zu schützen. Viele Fernseher, aber auch andere elektronische Geräte ermöglichen Ihnen, eine elterliche Kontrolle einzustellen, sodass, sollte ein für Ihr Kind unpassender Inhalt kommen, das Gerät darauf automatisch reagiert. Daran, wie lange Kinder und Jugendliche täglich vor elektronischen Geräten sitzen dürfen oder sollen, scheiden sich die Geister.

In der Erziehungsliteratur kommt aber eine Angabe sehr häufig vor: Kinder bis zum dritten Lebensjahr sollten am besten gar keine Zeit damit verbringen. Kinder zwischen drei und 15 Jahren können bis zu drei Stunden pro Tag solche Geräte nutzen. Sie als Eltern, egal wofür Sie sich entschieden haben, sollten auf jeden Fall den Überblick nicht verlieren.

Schon im Babyalter lernen Kinder lieber von gleichaltrigen oder älteren Kindern als von den eigenen Eltern. Egal, ob es sich dabei um etwas Gutes, etwas Innovatives oder etwas sehr Doofes handelt, machen Kinder lieber andere Kinder nach. Dass die Kinder **Gesellschaft** haben, ist natürlich wichtig und gut, aber viele Eltern beginnen sich schon von da an zu sorgen, wie sich das für die spätere Zeit, wenn es keine kleinen Kinder, sondern Teenager sind, auswirken wird. Schon die Bibel warnte davor, dass man sich als Elternteil nicht täuschen lassen sollte, denn schlechter Umgang verdirbt gute Gewohnheiten. Viele Eltern betrachten die Freunde Ihres Kindes ganz genau und versuchen, herauszufinden, welche davon einen schlechten Einfluss auf Ihr Kind haben könnten. Man sollte dabei nicht vergessen, dass die elterliche Meinung zum Freundeskreis der Kinder einen großen Einfluss hat. Bei der Suche nach Freunden und der Pflege von Freundschaften sollten Sie Ihrem Kind freie Hand lassen. Es soll die Freunde alleine aussuchen und auch die Möglichkeit haben, Freundschaften zu beenden. Wenn die Beziehung zu Ihrem Kind stimmt, wird es sich bei Problemen auch an Sie wenden. Seien Sie aber hier sehr vorsichtig, was Sie sagen werden. Verurteilen Sie die Freunde Ihrer Kinder nach einem Streit nicht zu stark. Vielleicht ist der Streit schon morgen zu Ende und Ihr Kind wird dann mit Ihnen ungern über die von Ihnen

„gehassten" Freunde reden. Wenn Sie es schaffen, die Freunde Ihrer Kinder nicht zu viel zu kommentieren, werden Ihre Kommentare, wenn Sie sie dann geben, umso mehr Einfluss haben.

Tipps:
• Ihre eigene Einstellung zu den oben aufgeführten Themen ist wichtig für Ihr Kind
• Lassen Sie es zu, dass Ihr Kind seine Kreativität ausleben kann
• Bunte Stifte und Papier sind auch eine Form der Förderung
• Rollenspiele und Verkleiden sind Wege zum besseren Verständnis der Umwelt
• Leiten Sie Ihr Kind zur sinnvollen Bewegung, sowohl im Haus als auch draußen
• Bringen Sie Ihrem Kind Sport und Freizeitaktivitäten bei
• ein einfaches Kinderinstrument und häusliches Singen und Tanzen ist schon Förderung von Kreativität
• Bücher müssen im Leben Ihres Kindes von Anfang an präsent sein
• Auch wenn Sie selbst nicht viel lesen, räumen Sie

dem Lesen mit Ihrem Kind Zeit ein

• Begrenzen Sie die Zeit, die Ihr Kind vor dem Bildschirm sitzt

• Lassen Sie Vorschul- und Grundschulkinder nicht vor dem Bildschirm essen

• Die Freunde der Kinder nicht zu viel kommentieren, sondern dem Kind Freiraum lassen

Gedanken zum Abschluss

Wer sich konkretere Tipps gewünscht hat, mit genaueren Zeitangaben oder Ähnlichem, dem sei gesagt, dass jedes Kind anders ist und in der Entwicklung ein eigenes Tempo hat. In diesem Ratgeber wurde versucht, die Tipps auszusuchen, die auf jedes Kind zutreffen können. Natürlich finden sich für ältere Kinder auch detailliertere Bücher, die Absicht hier war vor allem, erwartenden oder frisch gebackenen Eltern einen kurzen Einblick in die unmittelbar bevorstehende

Zeit zu bieten. Mit zunehmender Persönlichkeitsent-wicklung wird es schwerer, allgemein gültige und konkrete Tipps zu geben, jedoch kennen Sie Ihr Kind bis dahin schon so weit, dass Sie immer sicherer in Ihrem Alltag mit dem Kind werden. Sollten Sie ein Kind haben, das besondere Bedürfnisse hat, scheuen Sie sich nicht vor spezialisierter Literatur oder ande-ren Unterstützungsangeboten.

Lesenswertes

- Diana Baumrind´s (1966) Prototypical Descriptions of 3 Parenting Styles: http://www.devpsy.org/teaching/parent/baumrind_styles.html
- Elternbriefe der einzelnen Bundesländer – Beispiel Bayern: https://zbfs.bayern.de/familie/elternbriefe/index.php
- Leach, Penelope - Baby and Child
- Leist-Villis, Anja - Elternratgeber Zweisprachigkeit: Informationen & Tipps zur zweisprachigen Entwicklung und Erziehung von Kindern
- Saemisch, Christine - Elterlicher Erziehungsstil und Sozialverhalten von Kindern im Kindergartenalter
- Solms, Nicola - Hipp Babyclub Newsletter

Herstellung und Verlag:
BoD – Books on Demand, Norderstedt
ISBN: 9783751950619

© Maria Sinning 2020
1. Auflage
Kontakt: Psiana eCom UG/ Berumer Str. 44/ 26844 Jemgum
Covergestaltung: Fenna Larsson
Coverfoto: depositphotos.com